Krafttraining. Erstellung eines Trainingsplans für eine 27-jährige Frau

Feena Maier

Bibliografische Information der Deutschen Nationalbibliothek:

Die Deutsche Nationalbibliothek verzeichnet diese Publikation in der Deutschen Nationalbibliografie; detaillierte bibliografische Daten sind im Internet über http://dnb.d-nb.de abrufbar.

ISBN: 9783346321473
Dieses Buch ist auch als E-Book erhältlich.

Druck und Bindung: Books on Demand GmbH, Norderstedt Germany
Gedruckt auf säurefreiem Papier aus verantwortungsvollen Quellen

Das vorliegende Werk wurde sorgfältig erarbeitet. Dennoch übernehmen Autoren und Verlag für die Richtigkeit von Angaben, Hinweisen, Links und Ratschlägen sowie eventuelle Druckfehler keine Haftung.

Das Buch bei GRIN: https://www.grin.com/document/974196

Deutsche Hochschule für

Prävention und Gesundheitsmanagement

Hermann Neuberger Sportschule 3

66123 Saarbrücken

Einsendeaufgabe

Fachmodul:	Trainingslehre 1
Studiengang:	Bachelor of Arts: Fitness Ökonomie
Datum Präsenzphase:	30.03.2020 – 02.04.2020
Name, Vorname:	Maier, Feena
Studienort:	**Stuttgart**
Semester:	**WS 2019**

Inhaltsverzeichnis

1 Diagnose

1.1.1 Diagnose und Biometrische Daten

Tab. 1: Allgemeine und gesundheitliche Daten der Probandin

Alter:	27
Geschlecht:	weiblich
Körpergröße:	1,68
Körperfettanteil:	31%
Körpergewicht:	69
Trainingsmotive:	Körperformen, Rückenstärken, Ausgleich zum Alltag und allgemeine Gesundheit.
Berufliche Tätigkeit:	Sekretärin
Frühere sportliche Aktivitäten:	Seit drei Jahren zweimal die Woche Zumba, je 30 Minuten.
Heutige sportliche Aktivitäten:	Seit einem Monat sehr unregelmäßiges Krafttraining, ca. 60 Minuten pro Woche auf dem Niveau eines Trainings Beginner. Seit fünf Monaten einmal die Woche Zumba, je 45 Minuten.
Zeitlicher Verfügungsrahmen:	2 Mal pro Woche, 60min

Tab. 2: Weitere Biometrische Parameter

Parameter	Norm	Bewertung
Blutdruck: 131/87 mmHg	Normotonie: 120/80 -139/89 mmHg	Blutdruck im Hochnormalbereich
Body Mass Index [BMI]: 24,4 kg/m2	Normalgewicht: 18,5-24,9 kg/m2	BMI gerade noch im Normalbereich
Ruhepuls: 69 Schläge/Min.	Normaler Ruhepuls: 60-80 Schläge/Min.	Ruhepuls im Normalbereich
Sonstiges: - Keine gesundheitlichen Beeinträchtigungen - Vorwiegend sitzende Tätigkeit im Berufsalltag - Relativ geringer Umfang an sportlichen Aktivitäten		

1.1.2 Bewertung der erhobenen Daten

Laut den ermittelten Daten, befindet sich die Probandin in einer guten Gesundheitlichen Verfassung. Nach Empfehlung der ESH und ESC (Williams et al. 2018) gilt ein Blutdruck von weniger als 120 mmHg systolisch zu 80 mmHg diastolisch als optimal, von 120-129 mmHg systolisch zu 80-84 mmhg diastolisch als normal und in einem Bereich von 130-139 mmHg systolisch zu 85-89 mmHg diastolisch als hochnormal. Mit einem Blutdruck von 131 mmHg systolisch zu 87 mmHg diastolisch liegt die Probandin im hochnormalen Bereich.

Mit einem BMI von 24,4 kg/m2 befindet sie sich gerade noch im Bereich des Normalgewichts. Ab einem BMI über 25 kg/m2 bis unter 30 kg/m2 spricht man von Übergewicht. Ab 30 kg/m2 handelt es sich bereits um eine Adipositas (Brähler et al. 2002).

1.2 Krafttestung

Für die Intensitätsbestimmung über einen gerätegestützen Krafttest würde sich hierbei die Kraftmessung über die sogenannte „Individuelle-Leistungsbild-Methode" (im Folgenden mit „ILB Methode" abgekürzt) anbieten, da es sich bei der Probandin um eine Trainingsanfängerin handelt. Mit der steigenden Leistungsfähigkeit können alle Belastungsparameter innerhalb der Zyklusplanung progressiv angepasst werden.

Während in der Orientierungsphase (erste Trainingsphase) das motorische lernen der neuen Bewegungsabläufe nur über das subjektive Belastungsempfinden trainiert wird, dient ein X-RM-Test (One-Repetition-Maximum, „Individuelle-Leistungsbild-Test, nach der ersten Trainingsphase, als Maßstab für die weitere Berechnung der Trainingsintensität. Beim ILB-Test besteht der Kerngedanke darin, das höchstmögliche Gewicht für die zuvor festgelegten Wiederholungen auszutesten. Diese Wiederholungen werden in der folgenden Zyklusplanung miteinbezogen (Strack & Eifler, 2005, S. 154). Mit den Testergebnissen lassen sich nun die weiteren Trainingsintensitäten des folgenden Mesozyklus berechnen. So sollen vor allem bei Trainings Beginnern mögliche Überlastungserscheinungen und Verletzungen vermieden werden. Das Trainingsalter beziehungsweiße die Krafttrainingserfahrung spielt bei der Berechnung eine entscheidende Rolle (vgl. Tab. 6).

1.2.1   Aufwärmen

Vor dem eigentlichen Testbeginn startet die Probandin mit einem 6-Minütigen allgemeinen Aufwärmen auf dem Fahrrad. Mit der Schwierigkeitsstufe 3 und 70-80 Umdrehun-
gen. Das Aufwärmen dient der Erhöhung der Körperkerntemperatur, der physischen sowie psychischen Vorbereitung des Sportlers auf die bevorstehende maximale Belastung
und der Mobilisation des Herz-Kreislauf-Systems.

1.2.2   Die Testdurchführung

Zuerst erfolgt eine Einführung in das zu verwendende Trainingsgerät bzw. die verwen-
dete Trainingsübung. Dabei wird der Probandin der genaue Nutzen der Übung erklärt,
sowie die konkrete Ausführung demonstriert. Nach der Einführung wird ein erster Testsatz mit einem Startgewicht von 50% der voraussichtlich maximalen konzentrisch noch
zu überwältigende Belastung mit 15 Wiederholungen absolviert. Diese Maßnahme dient
der Bewegungsgewöhnung um die Gelenkstrukturen auf den bevorstehenden Krafttest
vorzubereiten (Kersten & Siebecke, 2010, S. 143). Beim speziellen aufwärmen werden
also die beteiligten Muskelgruppen und Gelenkstrukturen der folgenden Belastungen sti-
muliert und aktiviert. Damit die Muskulatur nicht vorzeitig ermüdet wird auf weitere spe-
zielle Aufwärmtestsätze verzichtet. Nun wird der zweite Testsatz mit 100% des geschätz-
ten Gewichtes und ebenfalls 15 Wiederholungen durchgeführt. Die Entscheidung des
Ausmaßes über die Steigerung beziehungsweiße Reduzierung des Gewichtes basiert auf
den subjektiven Einschätzungen der Probandin und den Erfahrungswerten des Trainers.
Zwischen jedem Testsatz wird eine Pause von 2 Minuten gewährleistet um Abweichun-
gen der Ergebnisse durch die vorzeitige Ermüdung der beanspruchten Muskulatur zu ver-
meiden (Gail, 2015, S. 237). Es sollten jedoch maximal drei Testsätze durchgeführt werden. Das Bewegungstempo in der konzentrischen und in der exzentrischen Phase beträgt
jeweils zwei Sekunden, ohne das Gewicht am höchsten Punkt bewusst zu halten.

1.2.3   Mehrwiederholungskrafttest

Tab. 3: Ergebnisse der Maximalkrafttestung nach der ILB-Methode

Mehrwiederholungskrafttest					
Testübung	Wiederholung	1.Testsatz	2.Testsatz	3.Testsatz	Ergebnis
Fahrrad	1	-	-	-	-
Brustpresse MA	15	5	15	20	20
Trizeps drücken am KZ	15	5	10	20	20
Rudern MA	15	10	20	-	20
Bizeps MA	15	10	15	-	15
Beinpresse MA	15	30	50	55	55
Crunch MA	15	5	10	-	10
Beinbizeps MA	15	30	35	40	40
Rückenstrecker MA	15	10	15	20	20

KZ = Kabelzug   MA = Maschine

1.2.4   Schlussfolgerung der Testergebnisse

Durch die Ermittlung des Mehrwiederholungsmaximums lässt sich eine geeignete Belas-
tungsintensität für das Krafttraining ermitteln. Die Testergebnisse können sowohl zur
Leistungsbewertung als auch zur Trainingssteuerung herangezogen werden um so die
Trainingsintensitäten zu bestimmen. „Es ist sinnvoll, das zu testen, was der Sportler in
seinem anschließenden Trainingsplan auch trainieren will" (Kersten & Siebecke, 2010,
S. 143). Ein weiterer Vorteil besteht im minimierten Verletzungsrisiko und der geringen
physischen Belastung, so dass das Verfahren in der Gesundheit und Fitnessbereich anzu-
nehmender Beliebtheit gewinnt (Gail, 2015, S. 238). Gail empfiehlt daher, die Kraftmessung mit Trainingsgeräten zu verwirklichen „die eine möglichst variable Einstellung des
Gewichtes in kleinen Abstufungen zulassen" (Gail, 2015, S. 237). Wenn alle Voraussetzungen eingehalten werden, können die Ergebnisse zuverlässig getestet, überprüft und
dokumentiert werden. Nach jedem Mesozyklus findet eine erneute Krafttestung statt. Somit ist die Trainingsdokumentation und die Verfolgung der Leistungsentwicklung der
Probandin weitaus effektiver als mit anderen Testverfahren. Als Nachteil bei der ILB-
Methode ist der erhöhte Zeitbedarf zu nennen.

1.2.5   Konkrete Bewertung der Testergebnisse

Die Probandin erreichte durchschnittliche Gewichte für ihre Biometrischen Daten bei der Krafttestung. In den letzten Jahren absolvierte sie kein Krafttraining, sondern ging ausschließlich zwei Mal die Woche zum Zumba. Seit einem Monat treibt die Probandin unregelmäßig Kraftsport. Ihre Messwerte sind als Durchschnittlich einzustufen. Auf die Tatsache bezogen, dass sie keinen Regelmäßigen Kraftsport betreibt, kann man auf eine Signifikate Kraftsteigerung in den nächsten Monaten schließen. Da sie sonst keinerlei Beschwerden aufweist, kann der Trainingsplan nun auf der Basis des ILB-Tests erstellt werden.

2   Zielsetzung auf Basis der Diagnosedaten

Die Diagnose dient als Grundlage für jegliche Zielsetzung und für die darauffolgende Trainingsplanung. Daher wurden zusammen mit der Probandin die folgenden Ziele vereinbart. Es handelt sich hierbei um eine sehr realistische Zielsetzung. Laut Olivier, Marschall und Büsch (2008, S. 59) werden mit der Zielsetzung „die für einen bestimmten Trainingszeitraum angestrebten Leistungsveränderungen festgelegt" (Olivier, Marschall & Büsch, 2008, S.59).

Tab. 4: Zielsetzung

Inhalt	Ausmaß	Zeit
Gewichtsreduktion	3 kg	3 Monate
Senkung BMI	23	3 Monaten
Senkung des Blutdrucks	121/85 mmHg	3 Monaten

2.1 Begründung der Zielsetzung

Das erste Ziel ist eines der ausschlaggebenden Beweggründe der Probandin sich intensiver mit dem Krafttraining zu beschäftigen. Hinsichtlich ihres Ansporns und ihres früheren Scheiterns dieses Zieles, haben wir uns hierbei für eine geringere dafür jedoch sehr realistische Gewichtsreduktion entschieden. Hierbei kann davon ausgegangen werden, dass das Ziel der Gewichtsabnahme um vorerst 3 kg in den Vorhergesehenen 3 Monaten problemlos angestrebt werden kann, insofern das Training regelmäßig absolviert wird und parallel ein Kalorien Defizit eingehalten wird.

Angelehnt an das erste Ziel, geht es im zweiten um den BMI der mit 24,4 kg/m2 gerade noch im normalen Bereich liegt. Laut Ozenoglu, Ugurlu, Can & Hatemi (2009, S. 29–37) steht die Senkung des BMI in direktem Zusammenhang mit einer Reduzierung des Körperfettanteils. Hierbei haben wir eine realistische Senkung des BMI von 24,4 kg/m2 auf 23 kg/m2, angelehnt an das erste Ziel der Gewichtsreduktion um 3 kg in den nächsten 3 Monaten.

Um nun auch auf die Wünsche der Allgemeinen Gesundheit der Probandin einzugehen, ist eines der Ziele den Blutdruck zu denken. Mit einem Wert von 131 mmHg systolisch zu 87 mmHg diastolisch liegt die Probandin im hochnormalen Bereich. Ist dieser Blutdruck dauerhaft erhöht, wird er zu einer Belastung für unser Herz und unsere Gefäße. Laut dem Robert Koch Institut befindet sich die Probandin im überdurchschnittlich hohen Bereich für ihre Altersgruppe. Erhöhter Blutdruck tritt häufig durch das Zusammenwirken von Erbanlagen, Alter, Geschlecht und verschiedenen ungünstigen Ernährungs- und Lebensbedingungen wie Übergewicht, Bewegungsmangel und Stress auf (Ryl & Ziese, 2015, S.3). Durch das regelmäßige Training ist eine Senkung des Blutdrucks um 10 mmHg systolisch und 5 mmHg diastolisch in 3 Monaten realistisch.

3   Trainingsplanung Makrozyklus

Tab. 5: Makrozyklus

	Kraftausdauer-training	Muskelaufbau-training	Muskelaufbau-training	Maximalkraft-training
Mesozyklus-dauer	6 Wochen	6 Wochen	6 Wochen	6 Wochen
Einheiten pro Woche	2	2	2	2
Wiederholungen (Wdh.)	15	12	10	6
Übungen pro Muskelgruppe	1-2	1-2	1-2	1-2
Organisations-form	Stationstraining/GK	Stationstraining/GK	Stationstraining/GK	Stationstraining/GK
Sätze pro Übung	2	2	2	2

Intensität in % ILB	50-70	50-70	50-70	50-70
Satzpausen in Sek.	45	60	60	90
Bewegungstempo in Sek.	2-0-2	2-0-2	2-0-2	3-0-x

3.1.1 Begründung der Trainingsmethoden

Im Jahre 1999 wurde die ILB-Methode erstmals in einer Studie evaluiert. Bei einer anderen groß angelegten Feldstudie in 48 Fitnessstudios (Eifler, 2013) konnten in allen Leistungsstufen hohe und signifikante Kraftsteigerungen mit der ILB-Methode erzielt werden (Maximum 69%). An der Untersuchung nahmen insgesamt 712 Probanden freiwillig teil. Diese Trainingsmethode ist bei Trainings Beginnern sehr gut anwendbar. Um auch langfristige Trainingserfolge zu erzielen, wechselt die Probandin nach den vorgegebenen Zeiten des Trainingsalters in eine höhere Leistungsstufe. Aus dem ILB-Grobraster (vgl. Tab. 6) können alle Leistungsstufen und somit die Belastungsparameter herausgelesen werden. Dieses Grobraster ermöglicht eine progressive Anpassung der Trainingsparameter mit der jeweiligen zunehmenden Leistungsstufe. Bei der ILB-Methode ist der erste Makrozyklus schon in verschiedene Leistungetappen gegliedert, die dazu anspornen am Ball zu bleiben und für neue Trainingsreize sorgen. So wird beispielsweiße die Intensität alle zwei Wochen prozentual gesteigert und vor jedem Mesozyklus durch eine erneute Testung bestimmt.

3.1.2 Begründung der Belastungsparameter

Ausgehend von dem Referenzwert des ILB-Tests, dient nun das Grobraster der ILB-Methode (Strack & Eifler, 2005, S. 153) zur Berechnung der Trainingsintensität. Wie bereits erwähnt, ist das Trainingsalter ein ausschlaggebender Faktor bei dieser Methode der Trainingsplanung. Ausgehend davon, lassen sich alle Intensitäten eines Mesozyklus berechnen. Die Probandin, die bereits seit einem Monat unregelmäßigen Kraftsport betreibt, wird in das Trainingsalter „Beginner" eingestuft (vgl. Tab. 6). Somit werden zwei Trainingseinheiten pro Woche empfohlen. Der Zeitliche Verfügungsrahmen der Probandin beträgt ebenfalls zwei Mal die Woche, je 60 Minuten. Wirth, Aatzor und Schmidtbleicher (2007) konnten in einer Studie für Trainings Beginner feststellen, dass bereits eine Trainingseinheit pro Woche zu signifikanten Muskelmassenzuwächsen führen kann. Ein deutlich höherer Muskelzuwachs wurde bei zwei bis drei Trainingseinheiten pro Woche festgestellt. Aufgrund ihres aktuellen Gesundheitszustands unter dem Aspekt, dass sie keinerlei Einschränkungen mit sich bringt, kann hierbei eine Trainings Häufigkeit von 2 Einheiten pro Woche problemlos umgesetzt werden, insofern eine ausreichende Regenerationszeit zwischen den Trainingseinheiten liegt. Ebenfalls aus dem Grobraster zu entnehmen, sind die Übungen pro Muskelgruppe in einer Trainingseinheit. Für die Leistungsstufe „Beginner" eigenen sich hierbei 1-2 Übungen pro Muskelgruppe. Über die Leistungsstufen erfolgt so eine systematische progressive Belastungssteigerung analog zum Trainingsalter. Fröhlich (2006, S. 273-275) verglich die Effekte eines Einsatz- versus Mehrsatztraining in einer metaanalytischen Betrachtung von insgesamt 53 Primärstudien. Zusammenfassend lässt sich aus der Metaanalyse schließen, dass die Effektstärke des Mehrsatztrainings zumindest tendenziell in verschiedenen Altersstufen über dem des Einsatztrainings liegt. Durch den Zeitlichen Verfügungsrahmen der Probandin und aufgrund der Studienlage wird sowohl im ersten Mesozyklus, mit dem Ziel des Kraftausdauertrainings, sowie in den darauffolgenden Zyklen, jede Muskelgruppe mit jeweils 2 Sätzen pro Übung trainiert. Um überhaupt nennenswerte Effekte auslösen zu können, muss nach Güllich und Schmidtbleicher (1999, S. 226) die Trainingsintensitäten währen eines Krafttrainings mindestens 50 % der individuellen Maximalkraft betragen. Bei der ILB-Methode wird bereits während des Krafttest das individuelle Maximum der zu Wiederholenden Übungen festgelegt. Auf der Basis dieses Tests wird nun von Mesozyklus zu Mesozyklus eine neue Trainings Intensität bestimmt. Die Gewichtsabstufungen sollten hierbei stets an die technischen Voraussetzungen fein und wohldosiert erfolgen. Bei ungeraden Ergebnissen muss somit auf oder abgerundet werden. Somit müssen sich die Gewichtsangaben im Trainingsplan einerseits an dem ILB-Testergebnis, andererseits aber auch an den Umsetzbaren Möglichkeiten der Gewichtsabstufung orientieren. Für die Leistungsstufe „Beginner" empfiehlt sich nach dem ILB-Grobraster eine Intensität von 50-70% des ILB.

Tab. 6: Grobraster zur Trainingsplanung nach der ILB-Methode (modifiziert nach Strack & Eifler, 2005, S. 153)

Leistungs-stufe (Trainingsalter)	Zeitstufe (Monate)	Organisationsform	Einheit/ Woche	Übungen/ Muskel	Sätze/ Übung	Intensität in % ILB
Orientierungsstufe	0-1,5	GK	2	1-2	1-2	Gering
Beginner	1,5-6	GK	2	1-2	1-2	50-70

Geübter	6-12	GK	2-3	1-2	2	60-80
Fortge-schrittener	>12	GK/Split	3-4	1-2	1-3	70-90
Leistungs-trainieren-der	>36	GK/Split	3-6	1-2	1-4	80-100

3.1.3 Begründung der Organisationsform

Die Organisationsform mit der höchsten Verbreitung im Kraftsport ist das Stationstraining. Hierbei werden nacheinander alle vorgegebenen Wiederholungen und Sätze an der vorhergesehenen Station beziehungsweise der Übung absolviert, erst dann erfolgt ein Stationswechsel. Der große Vorteil des Stationstraining besteht darin, dass es durch die aufeinanderfolgenden Sätze zu einer stärkeren Muskelermüdung kommt als bei einem Kreistraining mit jeweils einem Satz pro Durchgang und Übung. Aus übersichtsgründen ändert sich somit in einem Mesozyklus vorerst weder die Anzahl der Wiederholungen, noch die Anzahl der Sätze. Ein weiterer Aspekt der Organisationsform liegt im Ganzkörper oder Split-Training. Bei einem Ganzkörpertraining werden innerhalb einer Trainingseinheit alle Hauptmuskelgruppen berücksichtigt. Dieses Prinzip eignet sich für alle Leistungsstufen. Besonders wenn der Sportler einen begrenzten zeitrahmen zur Verfügung hat und nur wenige Trainingseinheiten pro Wochen (maximal 2-3) absolvieren kann. Im Falle des Split-Trainings wird pro Trainingseinheit nur eine bestimmte Muskelgruppen trainiert. Der Ursprung dieser Trainingsform liegt im Leistungsbodybuilding. Somit eignet sich am besten das Ganzkörpertraining für die aktuelle Leistungsstufe der Probandin. Wie auch aus dem Grobraster der ILB-Methode zu entnehmen (vgl. Tab. 6), eignet sich ein Splittraining erst für die Leistungsstufe „Fortgeschrittener" ab einem Trainingsalter von mindestens 12 Monaten.

3.1.4 Begründung der Periodisierung

Aus Basis der aktuellen Studienlage lässt sich eine grundsätzliche Überlegenheit eines periodisierten Krafttrainingsprogramms (Fröhlich, Müller, Schmidtbleicher & Emrich, 2009 & Fröhlich, Links & Pieter, 2012) ableiten. Die lineare Periodisierungsform stellt die klassische Form der Periodisierung im Krafttraining dar. Bei dieser Art steigen die Intensitäten innerhalb eines Makrozyklus progressiv an, während gleichzeitig die Wiederholungszahl regressiv abnimmt (Kraemer & Fleck, 2007, S. 6). Hierbei werden die Anpassungen der Intensitäten und Wiederholungszahlen

11

blockförmig von Meso- zu Mesozyklus angepasst, weshalb diese klassische lineare Periodisierung auch als Blockperiodisierung bezeichnet wird. In einer Multicenter-Studie zu den kurzfristigen Effekten verschiedener Periodisierungsmodellen in 30 Fitnessstudios in Deutschland und der Schweiz (Eifler, 2016) konnten in allen Periodisierungsmodellen signifikante Steigerungen der Kraftleistungsfähigkeit festgestellt werden. Die höchste Kraftsteigerung konnte mit der wellenförmigen Periodisierung erzielt werden. Bei diesem Modell beinhaltet die Mikrozyklusplanung drei Trainingseinheiten pro Woche, in Form eines Ganzkörpertraining, in denen jeweils unterschiedliche Krafttrainingsbereiche mit unterschiedlichen Wiederholungen und Intensitäten realisiert werden. Jedoch wurden nur „Fortgeschrittene Kraftsportler" ab einem trainingsalter von 12 Monaten in der Studie miteinbezogen. Laut Eifler (2019) liegt die signifikant höhere Kraftsteigerung vermutlich an dem höheren neuronalen Stress durch die wechselnden Belastungsrelationen, sowie der Vermeidung eines Gewöhnungseffekts. Zudem sorgt die wellenförmige Periodisierung für eine erhöhte Motivation der Sportler durch einen hohen Grad an Variabilität. Es ist zu Schlussfolgern, dass diesem Modell bei freizeit- und Breitensportler ein höherer Stellenwert beigemessen werden sollte. Jedoch eignet sich dieses Modell mehr für Erfahrene Kraftsportler. Aufgrund der Übersicht und der Eingewöhnung in den Kraftsport, sollte für Trainings Beginner eine klassische „Blockperiodisierung" angewandt werden.

4   Trainingsplanung Mesozyklus

4.1.1   Mesozyklus 1

Tab. 7: Mesozyklus – Kraftausdauertraining

Kraftausdauertraining									
Bewegungstempo: 2-0-2									
Einheiten pro Woche: 2									
Organisationsform: GK/ Stationstraining									
Satzpause: 45 Sek.									
Übungen pro Muskelgruppe: 1-2									
Mesozyklus 1				**Trainingsintensität (50-70 % 15-RM)**					
Übungen	Wdh.	ILB-Test	Sätze	Woche 1 50%	Woche 2 50%	Woche 3 60%	Woche 4 60%	Woche 5 70%	Woche 6 70%
Brustpresse MA	15	20	2	10	10	12	12	15	15
Rudern MA	15	20	2	10	10	12	12	15	15

Rückenstre-cker MA	15	20	2	10	10	12	12	15	15
Bizeps MA	15	15	2	5	5	10	10	12	12
Beinpresse MA	15	55	2	30	30	35	35	40	40
Crunch MA	15	10	2	5	5	6	6	7	7
Beinbizeps MA	15	40	2	20	20	25	25	30	30
Trizeps drü-cken am KZ	15	20	2	10	10	12	12	15	15

MA = Maschine   KZ = Kabelzug

4.1.2   Begründung der Übungsauswahl

Generell ist im Kraftsport zwischen mehreren Übungskategorien zu unterscheiden. Es gilt zwischen Übungen an geführten Maschinen, mit freien Gewichten, an Kabelzügen und die Auswahl an funktionsgymnastischen Übungen zu differenzieren. Ein weiteres Differenzier Kriterium stellen die eingelenkigen und mehrgelenkigen Übungen dar.

Im Übergeordneten dominiere im ersten Mesozyklus geführte Übungen an der Maschine, da die Probandin Trainings Beginner ist und der Trainingsplan auf der ILB-Methode basiert. Die geführten Übungen eignen sich besonders, da hierbei eine einfache Möglichkeit besteht, die Intensität in Form von kleinen Gewichtsplatten progressiv zu steigern. Die Übungsausführungen an den Maschinen sind aufgrund der geführten Bewegungen und der geringen Übungsvarianz schnell zu erlernen, wodurch das Auftreten von Ausführungsfehlern wesentlich geringer ist. Dadurch sind die apparativen Kraftübungen sehr leicht zu erlernen, womit sich ebenfalls der Betreuungsaufwand verringert. Da es am Anfang von besonderer Bedeutung ist regelmäßig zu trainieren um die Motivation nicht zu verlieren und die ersten Ziele in der angemessenen Zeit zu erreichen, ist die Wahrscheinlichkeit der Motivation durch das schnelle erlernen der Übungen größer. Ebenso bedeutend sind die individuellen Einstellungen der Krafttrainingsmaschinen, wodurch ungünstige Belastungen auf das passive Bewegungssystem minimiert werden. Durch die geführten Übungen verringert sich somit auch das Verletzungsrisiko. Aus diesen Vorteilen leiten sich jedoch auch einige Nachteile ab. Ein Nachteil liegt im fehlenden Transfer der Übungen auf den Alltag, da kaum eine Schulung der intermuskulären Koordination folgt. Durch ein Training mit freien Gewichten resultieren also positive metabolische Effekte (Haff, 2000). Für den ersten Mesozyklus überwiegen jedoch die Vorteile der Krafttrainingsübungen an der Maschine um einen leichteren trainingseinstieg zu gewährleisten und die Verletzungsgefahr durch geführte Übungen zu minimieren. Der Schwerpunkt dieses umfangorientierten Zyklus liegt im Ganzkörpertraining und nicht auf einzelnen Muskelgruppen, da es ihr primär um ihre Allgemeine Gesundheit und eine Gewichtsreduktion geht, wird auf den Fokus einzelner Muskelgruppen verzichtet.

Es handelt sich vorwiegend um Mehrgelenkige Übungen. Durch den gleichzeitigen Einsatz von mehreren Gelenken und somit mehr Muskeln nimmt die intermuskuläre Koordination und die Beweglichkeit zu (Narcessian, 1997). Die koordinativen Fähigkeiten sind besonders im Alltag wichtig. Durch den optimalen Gelenkeinsatz und die verringerten Drehmomente sind die Bewegungsausführungen effektiver und gelenkschonender (Narcessian, 1993).

4.1.3   Begründung der Übungen

4.1.3.1 Brustpresse an der Maschine

Mit der Übung Brustpresse an der Maschine wird primär der große Brustmuskel trainiert, nebenbei natürlich auch die Schultermuskulatur, insbesondere der Deltamuskel. Der Brustmuskel führt die Arme vor dem Körper zusammen und stabilisiert das Schultergelenk und ist somit bei fast allen alltäglichen Bewegungen wie zum Beispiel beim Heben und Tragen beteiligt. Zudem stärkt diese Übung die Funktionalität des Schultergelenks. Sekundär beansprucht werden der Trizeps und der Ellenbogenmuskel. Somit eignet sich diese Mehrgelenkige Übung gut als erster Einstieg des aktuellen Mesozyklus.

4.1.3.2 Rudern an der Maschine

Für diese Übung wurde aufgrund der Stabilisierung des Rumpfes und einer automatisch aufrechten Haltung eine Maschine mit Bruststütze ausgewählt (Boeckh-Behrens & Buskies, 2010, S. 202-215). Bei den zwei Bewegungsphasen des Ruderns, Retroversion und Retraktion im Schultergelenk und die Flexion im Ellenbogengelenk, wird vor allem der große Rückenmuskel, der zweiköpfige Armmuskel, der Trapezmuskel sowie der Rauten Muskel trainiert. Der große Rückenmuskel ist einer der größten Muskeln des Körpers. Einige Messungen haben hierbei ergeben, dass der Muskel bei maximaler Verkürzung die höchste Spannung entwickelt. Die Betonung der maximalen Kontraktionsposition, hier das maximale Ziehen der Oberarme hinter den Körper, intensiviert das Training erheblich und macht es somit effektiver (Boeckh-Behrens & Buskies, 2009, S. 115-116). Die Kräftigung dieser Muskulatur, wirkt sich positiv auf die Beweglichkeit und die Leistungsfähigkeit aus. Der große Rückenmuskel trägt außerdem die Hauptverantwortung für eine gesunde Schulter. Zudem wird durch das Training der Rumpfmuskulatur, sowohl an der Oberfläche als auch der Tiefenmuskulatur, eine Stabilisierung der Wirbelsäule erzielt. Diese sorgt für eine bessere Körperhaltung und beugt Beschwerden im Rückenbereich vor.

4.1.3.3 Rückenstrecker Maschine

Bei der Extension der Rumpfwirbelsäule wird primär die untere Rückenmuskulatur mit dem unteren Teil des Rückenstreckers trainiert, zusätzlich werden die Abduktoren der Hüftgelenke gekräftigt. Die Rückenmuskulatur ist wichtig für eine aufrechte Körperhaltung und für die Stabilisation des Rückens. Eine schwach ausgebildete Rückenmuskulatur, langes sitzen oder schwere Körperliche Beanspruchung sind typische Gründe für Rückenprobleme und Beschwerden im Bereich der Lendenwirbelsäule. Eine starke Rückenmuskulatur ist in Kombination mit der Bauchmuskulatur unerlässlich für eine gesunde Körperhaltung. Zudem schützt sie die Wirbelsäule vor Verletzungen und Überlastungen. Bei dieser Übung arbeitet die Rückenmuskulatur und die Bauchmuskulatur fallverhindernd. Die Stabilisation beider Muskelgruppen wird somit gleichermaßen trainiert (Boeckh-Behrens & Buskies, 2009, S. 261-279).

4.1.3.4 Bizeps Maschine

Durch die feste Position der Arme auf der Unterlage ist eine Bewegungsabfälschung ausgeschlossen (Delavier, 2014, S. 14). Daher eignet sich diese Übung ausgezeichnet für Anfänger um die Muskulatur isoliert und intensiv zu trainieren. Durch die feinen Gewichtsabstufungen ist ein Training nach dem ILB-Grobraster (vgl. Tab. 6) problemlos umzusetzen. Zudem verfügt die Bizeps Maschine über eine Exzentertechnik. Dadurch wird dafür gesorgt, dass die Muskeln an jedem Punkt der Bewegung genau mit dem Gewicht belastet werden, die sie abhängig von der Winkelstellung des Gelenkes überwinden können.

4.1.3.5 Beinpressmaschine

Bei dieser Übung werden der zwei- und vierköpfige Schenkelmuskel, der Halb- und Plattsehnenmuskel sowie der große Gesäßmuskel trainiert, der als Hauptaufgabe die Aufrichtung des Rumpfes aus gebückter Haltung hat. Diese Übung ist eine der führenden Beinübungen im Fitnessbereich. Hierbei kann in einer sicheren Position auf der Maschine eine hohe Last überwunden werden. Dabei muss die Rumpfmuskulatur erhebliche Stabilisationsarbeit leisten und der Rückenstrecker wird gut mittrainiert (Boeckh-Behrens & Buskies, 2010, S. 164).

4.1.3.6 Beinbizeps Maschine

Hierfür wurde die Maschine Beinbeugen in Bauchlage mit anheben der Oberschenkelgewählt. Durch das abgewinkelte Polster wird der Oberschenkel besser gedehnt, was in einem größeren Trainingseffekt resultiert. Dies ist die beste Komplexübung für die Körperrückseite, weil sie gleichzeitig den unteren Rückenstrecker und den großen Gesäßmuskel trainiert. Es wurde bewusst die Variante mit angehobenen Oberschenkeln eingesetzt, da hierbei die ischiocrurale Muskulatur genauso beansprucht wird, diese Ausführung jedoch nicht zu einer unerwünschten Verstärkung der Lendenlordose aufgrund der Hüftbeugermuskulatur führt (Boeckh-Behrens & Buskies, 2010, S. 285-287). Diese Übung beansprucht alle Beinbeugermuskeln wie den Plattsehnenmuskeln, den Beinbizeps und den Halbsehnenmuskel. In einem geringen Maß werden auch die Waden mittrainiert.

4.1.3.7 Crunches an der Maschine

Die Bauchpresse am Gerät eignet sich gut für Trainingsanfänger, die zunächst eine Grundkraft im Rumpf aufbauen möchten. Das Training der Bauchmuskeln ist aus gesundheitlicher Sicht sehr wichtig. Sie bilden zusammen mit ihren Gegenspielern, der Rückenmuskulatur, das muskuläre Korsett des Rumpfes. Sie stabilisieren und entlasten die Wirbelsäule und haben einen entscheidenden Einfluss auf die Haltung. Die Bauchmuskeln sorgen Optisch für einen Flaschen Bauch, da sie die Taillenbildung unterstützen. Alleine durch Bauchtraining wird jedoch noch kein punktueller Fettabbau erzielen. Dazu ist eine Fettreduzierung des gesamten Körpers durch eine quantitative und qualitative Ernährungsumstellung notwendig. Jedoch ist ein regelmäßiges Training der Bauchmuskulatur, aufgrund ihrer Überragenden Bedeutung für die Becken und Wirbelsäulenstatik und für die optimale Leistungsfähigkeit unverzichtbar (Boeckh-Behrens & Buskies, 2009, S. 85-96).

4.1.3.8 Trizeps drücken am Kabelzug

Die Trizeps Übung am Kabelzug ist die optimale Komplexübung für alle drei Trizeps Anteile. Sie erlaubt die gezielte und isolierte Ausbildung des Trizepses. Hierbei werden alle drei Muskelköpfe der Trizeps Muskulatur gleichermaßen trainiert. Durch den Kabelzug bietet sich ein mehrdimensionales Bewegungsmuster durch höhenverstellbare Umlenkrollen an. Der Trizeps liegt an der Oberarmrückseite und ist der einzige Strecker des Ellenbogengelenks (Boeckh-Behrens & Buskies, 2009, S. 135-140). Des Weiteren ist es möglich feinere Gewichtsabstufungen durch das Flaschenzugprinzip einzustellen, was bei der ILB-Methode von großem Vorteil ist.

5 Literaturrecherche zu den Effekten von Krafttraining bei Rückenbeschwerden

Tab. 8: Erste Studie

Eine 6-monatige randomisierte kontrollierte Studie bei chronischen Schmerzen im unteren Rückenbereich.	
Wer führte die Studie:	Owen, Miller, Rantalainen, Simson, Connell, Hahne, et al.
Publikations-jahr:	2020
Forschungs-frage?	- Sorgt ein Training der Bandscheibe für eine positive Beeinflussung der unspezifischen Schmerzen im unteren Rücken.
Versuchsper-sonen:	- 40 Patienten mit chronischen unspezifischen Schmerzen im unteren Rückenbereich.

Versuchsauf- bau:	- Zwanzig Patienten trainierten schrittweise über ein Übungsprogramm mit progressiven aufrechten Aerobic- und Widerstandsübungen, die auf den Rumpf und die Hauptmuskelgruppen abzielten, und wurden mit zwan- zig Patienten verglichen, die ein motorisches Kontroll- training und eine manuelle Therapie (Kontrolle) durch- führten. - Die Tests erfolgten zu Studienbeginn, 3 Monate und 6 Monate.
Ergebnis und Schlussfolge- rung	- Diese Studie ergab, dass 6 Monate Training der Band- scheibe von Menschen mit unspezifischen Schmerzen im unteren Rückenbereich nicht zugutekamen.

Tab. 9: Zweite Studie

Die Rekonditionierbarkeit chronischer Rückenpatienten mit muskulärer Insuffi- zienz unter den Rahmenbedingungen einer orthopädischen Praxis	
Wer führte die Studie:	Uhlig, Denner & Jäger
Publikations- jahr:	1997
Forschungs- frage?	- Führt ein Krafttraining zu positiven Effekten und einem besseren Wohlbefinden bei Beschwerden im unteren Rücken? (Auch als LWS-Syndrom bekannt).
Versuchsper- sonen:	- Insgesamt 136 Patienten, darunter 79 Frauen und 57 Männer, einer orthopädischen Praxis.
Versuchsauf- bau:	- Dreimonatiges progressives dynamisches Krafttraining, 24 Trainings Einheiten zu jeweils 60 Minuten, zur Opti- mierung des Funktionsstandes der Wirbelsäule.
Ergebnis und Schlussfolge- rung	- Die Kraft aller Wirbelsäulen stabilisierenden Muskel- gruppen steigerte sich durchschnittlich um 57,7 % im Bereich des Rumpfes und 46 % im Bereich der Halswir- belsäule.

	- Mehr als die Hälfte der Probanden war nach Abschluss des Trainings völlig beschwerdefrei
	- Außerdem verbesserte sich das persönliche Wohlbefinden bei 78,2% der Probanden
	- Die Ergebnisse dieser Studie belegen die positiven Effekte eines dynamischen Krafttrainings zur Behandlung chronischer Rückenschmerzen und der Verbesserung des allgemeinen Wohlbefindens.

6 Literaturverzeichnis

Boeck-Behrens, W. & Buskies, W. (2009). *Fitnessgesundheitstraining – Die besten Übungen und Programme für das ganze Leben.* Reinbek: Bernd Gottwald.

Boeck-Behrens, W. & Buskies, W. (2010). *Fitnesskrafttraining – Die besten Übungen für Sport und Gesundheit* (14., neue Auflage). Reinbek: Bernd Gottwald.

Delavier, F. (2014). *Der neue Muskel Guide.* München: BLV.

Eifler, C. (2000). *Krafttraining nach der ILB-Methode – Eine empirische Überprüfung der Trainingseffekte bei Anfängern und Fortgeschrittenen.* Diplomarbeit. Universität des Saarlandes, Saarbrücken.

Eifler, C. (2013). *Empirische Überprüfung der Effekte verschiedener Ansätze zur Intensitätssteuerung im fitnessorientierten Krafttraining.* Dissertation. Universität des Saarlandes, Saarbrücken. Zugriff am 09.04.2020. Verfügbar unter file:///C:/Users/Anwender/Downloads/dissertation_eifler_211113%20(1).pdf

Eifler, C. (2016). *Short-term effects of different loading schemes in fitness-related resistance training. Journal of Strength and Conditioning Research, 30* (7). Zugriff am 14.04.2020. Verfügbar unter https://www.ncbi.nlm.nih.gov/pubmed/26670986

Eifler, C. (2019). *Effektives und abwechslungsreiches Training. Fitness Management.* Zugriff am 10.04.2020. Verfügbar unter https://www.fitnessmanagement.de/fitness/besonders-effektiv/

Emrich, E. & Fröhlich (2013*). Empirische Überprüfung der Effekte verschiedener Ansätze zur Intensitätssteuerung im fitnessorientierten Krafttraining.* Dissertation, Philosophische Fakultät der Universität des Saarlandes, Saarbrücken. Zugriff am 09.04.2020. Verfügbar unter file:///C:/Users/Anwender/Downloads/dissertation_eifler_211113%20(1).pdf

Fröhlich, M. (2006). *Zur Effizienz des Einsatz- vs. Mehrsatz-Trainings. Eine metaanalytische Betrachtung. Sportwissenschaft*, 36 (3). Sportwissenschaftliches Institut der Universität des Saarlandes, Saarbrücken.

Fröhlich, M., Links, L. & Pieter, A. (2012). Effekte des Krafttrainings. Eine metaanalytische Betrachtung. *Schweizerische Zeitschrift für Sportmedizin und Sporttraumatologie, 60 (1)*.

Fröhlich, M., Müller, T., Schmidtbleicher, D. & Emrich, E. (2009). Outcome-Effekte verschiedener Periodisierungsmodelle im Krafttraining. *Deutsche Zeitschrift für Sportmedizin, 60 (10)*.

Gail, S. (2015). *Verfahren zur Kraftdiagnostik im Gesundheits- und Fitnesssport. Prävention und Gesundheitsförderung 3*. Berlin: Springer.

Glaesmer, H. Brähler, E. (18.03.2002). *Schätzung der Prävalenz von Übergewicht und Adipositas auf der Grundlage subjektiver Daten zum Body-Mass-Index (BMI)*. Zugriff am 08.04.2020. Verfügbar unter https://www.thieme-connect.com/products/ejournals/html/10.1055/s-2002-22317#A638-2

Gülllich, A. & Schmidtbleicher, D. (1999). Struktur der Kraftfähigkeit und ihrer Trainingsmethoden. *Deutsche Zeitschrift für Sportmedizin, 50 (7/8)*.

Haff, G. (2000). Roundtable discussion: machines versus free weights. *Strength and Conditioning Journal 22(6)*.

Wirth, K. Aatzor, K.R. Schmidtbleicher, D. (2007). Veränderungen der Muskelmasse in Abhängigkeit von Trainingshäufigkeit und Leistungsniveau. *Deutsche Zeitschrift für Sportmedizin, 58 (6)*.

Williams, B. Mancia, G. Spiering, W. Agabiti Rosei, E. Azizi, M. Burnier, M. et al. (01.09.2018). *2018 ESC/ESH Guidelines for the management of arterial hypertension: The Task Force for the management of arterial hypertension of the European Society of Cardiology (ESC) and the European Society of Hypertension (ESH)*. Zugriff am

07.04.2020. Verfügbar unter https://academic.oup.com/eurheartj/ar-ticle/39/33/3021/5079119#186438651

Kersten, R. & Siebecke, R. (2010). *Gerätefitness. Das Lehrbuch zur Trainerausbildung.* Aachen: Meyer & Meyer.

Kraemer, W. J. & Fleck, S. J. (2007). *Optimizing strength training. Designing nonlinear periodization workouts.* Champaign, IL: Human Kinetics.

Narcessian R. P. (1993). Erwerb einer Mehrgelenkstechnik zur Vorbeugung von Verletzungen und zur Leistungssteigerung. In: DeToia M, Steinau M (Hrsg). *Kaputte Gelenke - Schicksale oder Chance.* Frechen: Dehag.

Narcessian, R. P. (1997). Concepts in multi joint movement. In: Binkowski H, Hoster M, Nepper U (Hrsg*). Medizinische Trainingstherapie.* Waldenburg: Schriftenreihe Berufs-kolleg Waldenburg.

Olivier, N., Marschall, F. & Büsch, D. (2008). *Grundlagen der Trainingswissenschaft und –lehre.* Schorndorf: Hofmann.

Owen, P. Miller, C. Rantalainen, T. Simson, K. Connell, D. Hahne, A. et al. (2020). *Exercise for the intervertebral disc: a 6-month randomised controlled trial in chronic low back pain.* Zugriff am 14.04.2020. Verfügbar unter https://www.ncbi.nlm.nih.gov/pub-med/32211998

Ozenoglu, A. Ugurlu, S. Can, G. Hatemi, H. (2009). *Refernence values of body composition for adult femals who are classified as normal weight, overweight or obese according to body mass index.* Endocrine Regulations, vol. 43.

Ryl, L. & Ziese, T. (2015). Zahlen und Trends aus der Gesundheitsberichterstattung des Bundes. Robert Koch–Institut Abt. Epidemiologie und Gesundheitsmonitoring. *GBE kompakt (Ausgabe 4/2015).*

Strack, A. & Eifler, C. (2005). The individual lifting performance method. A practical method for fitness- and recreational strength training. J. Gießing, M. Fröhlich & P. Preuss (Hrsg.), *Current results of strength training research*. Göttingen: Cuvillier.

Uhlig, H., Denner, A. & Jäger, K. (1997). *Die Rekonditionierbarkeit chronischer Rückenpatienten mit muskulärer Insuffizienz unter den Rahmenbedingungen einer orthopädischen Praxis*. Orthopädische Praxis, 33, S. 411-416.

7 Tabellenverzeichnis